마전비 등저, 한국중문교육연구회 역

국제중문교사 전문능력표준
国际中文教师专业能力标准

（韓中对照）

세계한어교학학회 발표
중국 교육부 중외어언교류합작중심 인증

學古房

〈한국중문교육연구회韓国中文教育研究会〉

김진무金振武 (차이홍공자아카데미 원장)

김현철金鉉哲 (연세대학교 교수)

유수경柳秀京 (영남대학교 교수)

윤애경尹愛庚 (전북대학교 학술연구교수)

윤유정尹有貞 (경기대학교 교수)

이준식李浚植 (성균관대학교 명예교수)

이지은李知恩 (이화여자대학교 교수)

국제중문교사 전문능력표준
国际中文教师专业能力标准

초판 인쇄 2023년 11월 20일
초판 발행 2023년 11월 30일

지 은 이 | 마전비马箭飞 등
옮 긴 이 | 한국중문교육연구회韓国中文教育研究会
펴 낸 이 | 하운근
펴 낸 곳 | 學古房

주소 | 경기도 고양시 덕양구 통일로 140 삼송테크노밸리 A동 B224
전화 | (02)353-9908 편집부(02)356-9903
팩스 | (02)6959-8234
홈페이지 | http://hakgobang.co.kr/
전자우편 | hakgobang@naver.com, hakgobang@chol.com
등록번호 | 제311-1994-000001호

ISBN 979-11-6995-469-3 93720

값 7,500원

■ 파본은 교환해 드립니다.

서문

본 문서는 GB/T1.1-2020《표준화 작업 지침 제1부분: 표준화 문서의 구조 및 초안 규칙标准化工作导则 第1部分：标准化文件的结构和起草规则》의 규정에 따라 작성됨.

본 문서는 교육부 중외어언교류합작중심教育部中外语言交流合作中心에서 제안함.

본 문서는 세계한어교학학회世界汉语教学学会에서 관리함.

본 문서는 처음으로 발표됨.

본 문서의 기안 기관

교육부 중외어언교류합작중심教育部中外语言交流合作中心, 북경대학교北京大学, 북경언어대학교北京语言大学, 천진사범대학교天津师范大学, 북경사범대학교北京师范大学 국제중문교육대학国际中文教育学院, 대련외국어대학교大连外国语大学 국제중문교육활동 및 연구센터国际中文教育实践与研究基地, 화동사범대학교华东师范大学 국제중국어문화대학国际汉语文化学院, 화남사범대학교华南师范大学 동남아시아 중문교사교육대학东南亚中文教师教育学院, 중국 비철금속 공업인재센터中国有色金属工业人才中心, 민생교육그룹民生教育集团, 무한 LingoAce교육과학기술 주식회사武汉领格教育科技有限公司, 세계 한풍 교육과학기술(북경)주식회사五洲汉风教育科技(北京)有限公司, 세계 한풍 인터넷과학기술(북경)주식회사五洲汉风网络科技(北京)有限公司, 뉴채널 중국스토리 연구원新航道中国故事研究院, 중국 인재교육그룹주식회사中国通才教育集团有限公司, 이집트 카이로대학교埃及开罗大学 공자아카데미, 호주 중문교사연합회澳大利亚中文教师联会, 필리핀 아테네오대학교菲律宾亚典耀大学 공자아카데미, 한중문화협력연구원韩中文化协力研究院, 캄보디아 왕립과학원柬埔寨皇家科学院 국제중문교육대학国际中文教育学院, 미국 국제어문교육학회美国国际文教学会, 미국 Koala Know중문교육회사美国考拉知道中文教育公司, 남아프리카공화국 더반이공대학교南非德班理工大学 공자아카데미, 일본 청소년육성협회日本青少年育成协会, 태국 쫄랄롱꼰대학교泰国朱拉隆功大学 공자아카데미, 스페인 중국어교사 및 교육협회西班牙汉语教师及教学协会, 싱가포르 Crestar교육그룹新加坡科思达教育集团, 영국 중국어교사협회英国汉语教师协会

본 문서의 주요 기안자

마전비马箭飞, 조국성赵国成, 송영파宋永波, 조양赵杨, 정안기丁安琪, 풍려평冯丽萍, 왕첨묘王添淼, 장결张洁, 이천李泉, 오용의吳勇毅, 저성지储诚志, 후루카와 유타카古川裕, 장신생张新生, 죽로천竹露茜, 방흠흠方欣欣, 조연청赵燕清, 왕관일王冠一, 나염罗艳, 이아남李亚男, 우염于艳, 양림정杨琳静

국제중문교육의 발전 변화 및 국제적 수요에 기초하고,《중화인민공화국교육법中华人民共和国教育法》과《중화인민공화국교사법中华人民共和国教师法》에 근거하여, 국내외 국제중문교육 표준 및 교수 요목, 교사 표준을 참고하고 국제중문교육의 특성을 결합하여, 교육부 중외어언교류합작중심教育部中外语言交流合作中心는 13개국 27개 대학교, 사회단체, 기업체 및 사업체와 연합하여《국제중문교사전문능력표준国际中文教师专业能力标准》(이하 '《표준》'으로 약칭)을 제정했다. 그 주요 내용은 국제중문교사의 양성, 연수, 능력 평가 및 인증, 전문성 신장에 근거를 제공하는 것이다.

국제중문교사는 전 세계에서 중국어를 제2언어로 교육하는 전문인력으로, 체계적인 양성과 훈련을 거쳐 건전한 직업 윤리 및 전문 소양을 갖추고 본인의 전문성을 지속적으로 신장시켜야 한다.《표준》은 국제중문교사에 대한 기본적인 전문성 요구이자 국제중문교사가 교육을 실시하는 기본 행위 규범이며, 국제중문교사의 전문성 신장을 이끄는 기본 원칙으로, 교사 자격 표준을 기초로 하지만 그보다 한 단계 높은 제안성을 갖는 표준이다.

국제중문교사 전문능력표준

1. 범위

본 문서는 용어 및 정의, 기본 이념, 기본 내용, 실행 건의사항 등을 포함하여 국제중문교사의 전문성에 대한 기본적인 요구 사항을 규정한다.

본 문서는 국제중문교사의 양성, 연수, 전문 능력 인증, 전문성 신장 및 진로 계획 등에 적용된다. 기타 교사 전문 인재 양성에도 참고하여 실행할 수 있다.

2. 규범적인 인용 자료

본 문서에서 인용한 자료는 모두 필수적인 것들로 일자가 표시되어 있는 자료의 경우, 일자가 있는 판본만 인용하고, 일자가 표시되지 않은 자료의 경우, 최신 판본(모든 수정 사항 포함)을 인용한다.

《중화인민공화국교육법中华人民共和国教育法》

《중화인민공화국교사법中华人民共和国教师法》

《중화인민공화국국가통용언어문자법中华人民共和国国家通用语言文字法》

《국제중문교사표준国际汉语教师标准》(2012년판)

《통용규범한자표通用规范汉字表》

3. 용어 및 정의

아래의 용어 및 정의를 적용한다.

3.1 국제중문교육International Chinese Language Education

제2언어로서의 중국어 학습자를 대상으로 하는 교육

3.2 국제중문교사 International Chinese Language Teachers

제2언어로서의 중국어를 교육하는 전 세계 모든 교사

4. 기본 이념

4.1 교사 윤리

교사의 직업 윤리를 준수하고, 국제중문교육의 전문성에 대한 이념을 갖고 있어야 한다.

4.2 기본 자질

국제중문교육 분야의 지식과 교육 기술을 서로 결합하여 교육 활동에 적용한다. 국제중문교육에 필요한 교육 지식, 중국어 및 언어학 지식, 중국 문화 및 중국 정세 지식 그리고 제2언어 습득 지식을 갖추고, 국제중문교육에 필요한 중국어 언어요소 교육, 중국어 언어기능 교육, 교육 기술 응용 등과 같은 기술을 갖추며, 교실 교육 계획 수립, 교육 자원의 선택 및 활용, 교육 설계, 교실 관리, 학습자 평가, 피드백 제공, 교육적 성찰을 통하여 교육 임무를 순조롭게 완수한다.

4.3 학습자 중심

학습자의 발달 규칙 및 중국어 학습 규칙을 존중하고, 학습자의 특성에 적합한 국제중문교육 내용 및 형식을 제공하며, 학습자의 학습 의욕을 고취시키고 중국어 학습 목표 달성을 도와 발전을 도모한다.

4.4 문화 간 의사소통 능력 구비

중국 문화를 이해하는 동시에 세계 문화의 다양성을 이해하고 다른 문화를 존중하며, 서로 다른 전략을 운용하여 문화 간 의사소통을 효율적으로 수행한다.

4.5 협력 중시

개방적이고 포용적인 태도와 팀워크 정신을 갖추어 학습자의 협동학습 능력배양을 중시하고, 동료, 학부모, 지역 사회 및 기타 관계자들과 협력한다.

4.6 평생 학습

평생 학습 및 지속적인 성장에 대한 인식과 능력을 갖추고, 국제중문교육 관련 이론을 학습하며, 국제중문교육 발전 개황을 이해하고, 전문 자질을 향상시켜 전문성의 지속적인 발전을 실현한다.

5. 기본 내용

국제중문교사의 전문 능력은 대체로 전문 이념, 전문 지식, 전문 기능, 전문 활동, 전문성 신장 등 5가지 1급 지표와 16가지 2급 지표를 포함한다(그림1 및 표1 참조).

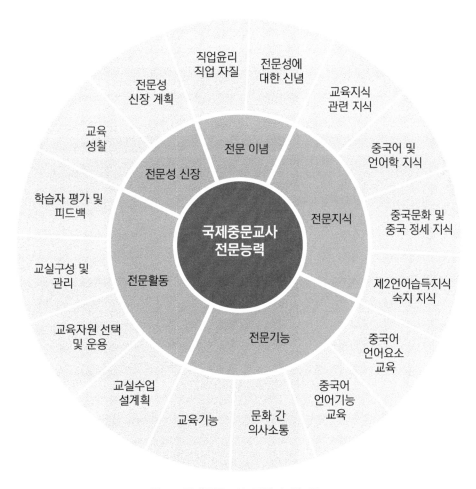

그림 1. 국제중문교사 전문 능력 구조도

표 1. 국제중문교사 전문 능력 지표 체계

1급지표	2급지표	구체적 내용
전문 이념	직업 윤리	1. 국제중문교사의 직업 윤리를 준수한다. 2. 재직 국가, 지역, 학군의 언어 교육 정책 및 법규를 이해하고 이를 국제중문교육에서 실행한다. 3. 재직 학교 및 관련 교육 기관의 규정 제도를 준수한다. 4. 학습자의 권익을 존중하고 모든 학습자를 공평하고 공정하게 대한다.
	전문성에 대한 신념	1. 국제중문교육의 특수성 및 전문성을 이해하고, 국제중문교사의 직업 가치를 인정한다. 2. 학습자의 발달 규칙 및 중국어 학습 규칙을 존중하고, 학습자의 특성에 맞는 국제중문교육의 내용과 형식을 제공한다. 3. 개방적이고 포용적인 태도를 가지고 재직 국가와 지역의 문화 전통 및 사회 현실을 존중한다. 4. 팀워크 정신을 갖추어 동료, 학부모, 지역 사회 및 기타 관계자들과 협력한다.
전문 지식	교육 지식	1. 교육학, 교육심리학의 기본 이론을 이해하고 관련 기초 지식을 파악한다. 2. 인지 과학 및 과학 학습 관련 이론을 파악하여 학습자별 인지 특성 및 심리 발달 규칙을 이해한다. 3. 교육 관련 지식을 종합적으로 운용하여 국제중문교육에서의 문제점을 분석하고 해결한다.
	중국어 및 언어학 지식	1. 중국어 음운, 어휘, 어법에 대한 기초 지식을 파악하여 중국어의 음운, 어휘, 어법 특징을 기술하고 분석하고 해석한다. 2. 한자에 대한 기초 지식을 파악하여 한자 자형을 분석하고 한자 특징을 해석한다. 3. 중국어 화용, 텍스트에 대한 기초 지식을 파악하여 중국어의 화용, 텍스트 특징을 기술하고 분석하고 해석한다. 4. 언어학에 대한 기초 지식을 갖추어 언어의 보편성 및 중국어의 특수성을 이해하고 언어를 비교한다. 5. 중국어와 언어학 지식을 종합적으로 활용하여 언어 현상을 분석하고 교육상의 문제점을 해결한다.
	중국 문화 및 중국 정세 지식	1. 교육 현장에서 다루는 역사, 철학, 문학, 예술, 민속 등의 중국 문화 지식을 이해하고 소개한다. 2. 교육 현장에서 다루는 중국 사회, 정치, 경제, 교육, 과학 기술, 생태 등의 중국 정세 지식을 이해하고 소개한다. 3. 흔히 보이는 사회, 문화 현상을 분석하고 교육 및 의사소통에서의 문제점을 해결한다. 4. 문화는 과거와 현재를 아우르고 끊임없이 변하고 있음을 인식한다.
	제2언어 습득 지식	1. 제2언어 습득에 관한 기본 이론 및 제2언어로서의 중국어 습득에 관한 주요 특징을 이해한다. 2. 제2언어 습득과 모국어 습득의 공통점과 차이점을 이해한다. 3. 학습자의 개인차가 제2언어 습득에 미치는 영향을 이해한다. 4. 연령별, 집단별 학습사의 중국어 학습 특징을 이해힌다. 5. 제2언어 습득 지식을 활용하여 교사의 교육 및 학습자의 학습 상의 문제점을 해결한다.

1급지표	2급지표	구체적 내용
전문 기능	중국어 언어요소 교육	1. 중국어 음운 교육에 상용되는 방법 및 기술을 숙지하여 학습자가 중국어의 음운 특징을 이해하도록 돕고, 학습자의 듣기 및 발음 능력을 함양한다. 2. 중국어 어휘 교육에 상용되는 방법 및 기술을 숙지하여 학습자가 중국어의 어휘 특징을 이해하고 어휘 학습 전략을 파악하도록 도우며, 학습자의 어휘 구사능력을 함양한다. 3. 중국어 어법 교육에 상용되는 방법 및 기술을 숙지하여 학습자가 중국어의 어법 특징을 이해하고 상용 어법 항목의 구조 및 기능을 이해하여 언어 환경 속에서 적절하게 사용할 수 있도록 돕는다. 4. 한자 교육에 상용되는 방법 및 기술을 숙지하여 학습자가 한자의 특징을 이해하고 한자의 형태形·소리音·의미义 지식을 숙지하도록 돕고 학습자의 한자 읽기, 쓰기, 전자기기 입력 능력을 함양한다. 5. 언어와 문화의 관계를 이해하여 언어요소에 나타난 문화 요소를 처리하고, 학습자가 이를 이해하도록 돕는다. 6. 오류를 판단, 분석, 처리하는 기본 원칙 및 방법을 숙지하여 음운, 어휘, 어법, 한자 등 방면에서 학습자의 오류를 효과적으로 처리한다.
	중국어 언어기능 교육	1. 중국어 듣기 교육의 목표 및 내용을 숙지하여 학습자가 듣기 이해 기술을 파악하고, 다양한 유형의 듣기 자료를 이해하는 능력을 향상시키도록 돕는다. 2. 중국어 말하기 교육의 목표 및 내용을 숙지하여 학습자가 의사소통 전략을 파악하고, 다양한 상황에서 중국어로 의사소통하는 능력을 향상시키도록 돕는다. 3. 중국어 읽기 교육의 목표 및 내용을 숙지하여 학습자가 읽기 기술을 파악하고, 다양한 유형의 읽기 자료를 이해하는 능력을 향상시키도록 돕는다. 4. 중국어 쓰기 교육의 목표 및 내용을 숙지하여 학습자가 쓰기 기술을 파악하고, 중국어의 서면 표현 능력을 향상시키도록 돕는다. 5. 중국어 번역 교육의 목표 및 내용을 이해하여 학습자가 기본적인 번역 방법 및 기술을 숙지하고 상응하는 번역 능력을 갖추도록 돕는다. 6. 제2언어 주요 교수법을 이해하여 중국어 언어기능 교육에 적절하게 적용한다.
	다문화 교류	1. 세계 문화의 다양성을 이해하고 다른 문화를 존중하며 학습자의 문화적 평등 의식 및 문화 이해 능력을 함양한다. 2. 재직 지역 사람들의 사고 방식, 가치관, 의사소통 규칙, 행동 방식 등 방면에서의 주요 특징을 이해하고 다른 문화 환경에 적응한다. 3. 문화 간 의사소통에 대한 기본 이론을 숙지하여 서로 다른 전략으로 교육을 실시하는 과정에서 발생하는 문화 간의 의사소통 문제를 효과적으로 해결한다.
	교육 기술	1. 국제중문교육에 활용되는 첨단 기술의 최신 동향을 이해하고 관심을 가지며, 중국어 교육에서 교육 기술이 지니는 본질적 역할을 이해하고, 정보 기술과 중국어 교육 과정을 심도 있게 융합하려는 의식을 갖는다. 2. 교육 목표, 교육 내용 및 학습자의 특성에 따라 적절한 정보화 교육 방법을 선택한다. 3. 상용되는 정보화 교육 시설의 사용 방법을 이해하고, 교육에 필요한 정보화 기술을 숙지하며, 수업 자료 등의 교육 자원을 설계하고 제작하는 능력을 갖춘다. 4. 온라인 교육 자원을 검색, 수집, 선택하며, 데이터베이스를 교육에 활용하는 능력을 갖춘다. 5. 온라인 플랫폼을 사용하여 온라인 및 온·오프라인을 결합한 중국어 교육을 진행하고 관리한다. 6. 자원 구축, 특히 현지화, 전문화된 구축 및 응용 등의 방면에서 창의성을 갖고 추진한다. 7. 지적 재산권 보호에 대한 명확한 인식과 타인의 정보 존중 및 정보 보안 중시 등을 포함한 기본적인 정보 윤리를 갖춘다.

1급지표	2급지표	구체적 내용
전문 활동	교실 교육 계획	1. 관련 교육 표준 및 교수 요목을 숙지하고 교육 계획 설계의 기본 원칙과 방법을 파악한다. 2. 학습자의 연령, 문화적 배경, 중국어 수준, 취미, 인지적 특성, 학습 요구 등의 요소에 적합한 교육 목표를 설정한다. 3. 중국어 교육 내용을 합리적으로 설정하고, 교육 목표에 맞는 교육 활동을 구성하며, 학습자의 자기 주도적 학습 능력 및 협동 학습 능력을 함양하는 데 중점을 둔다. 4. 교육 목표 및 교육 자원에 따라 교육 방법을 선택하고, 교육 절차를 계획하며, 연습 및 평가 방법을 설계한다. 5. 판서를 합리적으로 설계하고, 교육에 필요한 수업 자료, 교구 등의 보조 자료를 준비한다. 6. 학제적 의식을 갖고 중국어 교과 과정을 다른 과목과 연결하며, 교과 학습과 과외학습을 연결한다.
	교육 자원 선택 및 활용	1. 중국어 교육의 실제 수요에 따라 적절한 교육 자원을 선택한다. 2. 학습자의 중국어 수준과 수요에 따라 교재를 융통성 있게 사용하고 개편한다. 3. 기존 자원이 교육 수요를 만족시키지 못할 때에는 새로운 중국어 교육 자원을 개발한다.
	교실 구성 및 관리	1. 적절한 교육상의 언어를 선택하여 사용하며, 학습자가 학습 내용 및 학습 과제를 이해할 수 있도록 돕는다. 2. 적절한 교육 방법 및 전략을 채택하여 학습자의 학업 흥미를 유발한다. 3. 효과적인 교육 활동을 구성하여 학습자의 참여 의욕을 고취시킨다. 4. 교육 절차 및 단계를 합리적으로 설계하여 학습자가 학습 과제를 완성하도록 돕는다. 5. 시간을 효과적으로 관리하고 교실 내 상호작용 및 피드백을 중시하여 교육의 효율성을 높인다. 6. 교실 관리 규칙을 제정하여 건강하고 안전하며 평등한 학습 환경을 조성하고, 적절한 방법으로 제때 공정하게 문제점을 해결한다. 7. 과외 활동을 구성하고 과외 학습을 확대한다.
	학습 평가 및 피드백	1. 교육 목표에 부합하는 다원화된 평가 방법을 사용하여 학습자의 중국어 학업 성취도를 평가한다. 2. 학습자가 자기 평가를 하도록 지도하고, 학습자가 학습 계획을 성찰하고 보완하도록 돕는다. 3. 평가 결과를 이해, 분석하고 학습자의 수요를 진단하며, 학습자가 새로운 학습 목표를 설정하도록 돕는다. 4. 학습자 및 관계자들과 학습자의 중국어 학습 상황에 관해 교류하고 피드백 및 건의사항을 제시한다.
전문성 신장	교육 성찰	1. 성찰 의식을 갖고, 국제중문교육 및 전문성 신장 전 과정을 성찰한다. 2. 학습자의 학업 성취도 분석, 동료 간 참관 및 교류, 성찰 일지 작성 등을 통해 성찰 및 자기 평가를 실시한다. 3. 성찰 결과를 교육 현장에 적용하고 교육 과정을 개선한다.
	전문성 신장 계획	1. 자기 개발 의식 및 평생 학습 개념을 갖고 단계별 전문성 신장 목표를 설정한다. 2. 전문성 신장 관련 전문 교육, 주제별 특강, 학술 회의 등에 참가하여 국제중문교육에 대한 이해를 높이고 교육 능력을 향상시킨다. 3. 교육 연구의 기본 방법을 파악하여 기본적인 교육 활동 연구 능력을 갖추고, 본인의 전문성을 지속적으로 신장시킨다.

6. 실행 건의사항

6.1 교육 활동 지도

《표준》은 국제중문교사의 교육 활동과 관련된 태도, 지식, 기술, 전문성 신장 등에 대해 명확한 요구를 제시하므로, 교사는 표준에 의거하여 교육을 실시함으로써 교육 활동의 과학성 및 효율성을 보장한다.

6.2 교사 양성 및 연수

《표준》은 각 대학 국제중문교육 전공의 등급별 인재 양성, 교과과정 편성, 교육 활동 등을 지도하며, 다양한 교사 교육 단체나 기관에서 진행하는 교사 양성 및 평가 내용을 규범화하는 데에 사용된다.

6.3 교사 전문 능력 인증

《표준》의 구성, 내용, 서술 방식은 국제중문교사 전문 능력 시험 및 인증을 위한 평가 내용과 요점을 제시하므로, 국제중문교사 전문 능력 인증을 위한 평가 기준, 평가 절차, 인증서 유형 등을 제정한다(부록 A의 규정에 따름).

6.4 교사의 전문성 신장 및 진로 계획

《표준》은 국제중문교사가 갖추어야 할 태도, 지식, 기술 등을 체계적으로 서술하고 국제중문교사에게 전문성 신장의 방향과 지침을 제공하므로, 교사가 본인의 진로를 합리적으로 계획하도록 지도한다.

부록 A

(규범성)

국제중문교사 전문능력 등급인증 규범

《표준》에 따라《국제중문교사 전문능력 등급인증 규범国际中文教师专业能力分级认定规范》(이하 '《인증규범》'으로 약칭)은 초급, 중급, 고급 세 가지 능력 등급별 교사에게 각 능력에 상응하는 중점적인 요구 사항을 제시한다. 초급 교사의 지위는 대체로 국제중국어 초보 교사이고, 중급 교사의 지위는 대체로 실무 경험이 비교적 풍부하여 전문적·직업적으로 성장 단계에 있는 능숙한 교사이다. 고급 교사의 지위는 초·중급을 기반으로 다른 교사를 지도할 수 있는 경험과 능력을 갖춘 연구형·전문가형 교사이다.

A.1 평가 지표

《인증규범》은 전문 이념, 전문 지식, 전문 기능, 전문 활동, 전문성 신장 등 5가지의 평가 모듈을 포함하며, 총 14개의 1급 지표와 30개의 2급 지표로 이루어져 있다. 초·중급 평가 지표에는 1급 지표와 2급 지표가 포함되어 있다. 고급 평가에는 2급 지표에 대한 상세한 서술이 없고, 1급 지표와 그 서술 내용만 포함되어 있다.

표 A.1 《인증규범》 평가 지표 체계

모듈	1급 지표	2급 지표
전문 이념	직업 윤리	직업 자질
		법규 의식
	전문성에 대한 신념	직업 태도
		다문화 의식
		협동심
전문 지식	교육 지식	교육학 지식
		교육심리학 지식
	중국어 및 언어학 지식	중국어 지식
		언어학 지식
	중국 문화 및 중국 정세 지식	중국 문화 지식
		중국 정세 지식
	제2언어 습득 지식	제2언어 습득 이론
		제2언어로서의 중국어 습득 지식
전문 기능	중국어 언어요소 및 언어기능 교육	중국어 언어요소 교육 능력
		중국어 언어기능 교육 능력
	문화 간 의사소통	문화 이해력 및 해석력
		문화 간 의사소통 능력
	교육 기술	정보화 교육 능력
		온라인 자원 활용 및 온라인 교육 능력
전문 활동	교육 계획	교실 교육 계획
		교육 자원 선택 및 활용
	교육 활동	교실 교육
		수업 설계 및 관리
	학습 평가 및 피드백	학습 평가
		교육 피드백
전문성 신장	성찰	교육 성찰
		자기 평가
	전문성 신장 계획	평생 학습
		교육 연구
		진로 계획

A.2 인증 기준

초급, 중급, 고급의 3개 등급에 대해 모듈별로 서술한다. 각 등급별 전문 능력은 순차적인 발달이 요구되며, 높은 등급은 낮은 등급의 능력 요구 사항을 포함한다.

A.2.1 국제중문교사 (초급) 인증 기준

A.2.1.1 전문 이념

A.2.1.1.1 직업 윤리

A.2.1.1.1.1 직업 자질

a) 국제중문교사의 직업 윤리 및 행동 규범을 이해하고 준수한다.

b) 본인의 직책 범위를 명확히 알고 교사로서의 책임 의식을 갖춘다.

c) 학습자의 권익을 존중하고 모든 학습자를 공평하게 대하려는 의식을 갖춘다.

d) 국제중문교사의 직업 윤리에 대한 평가 기준 및 관련 문제에 대한 분석 방법을 파악한다.

A.2.1.1.1.2 법규 의식

a) 재직한 국가, 지역, 학군의 언어 교육 정책을 이해한다.

b) 학교 및 관련 교육 기관의 규정 제도를 이해하고 준수한다.

c) 교육 활동 과정에서 발생하는 기본적인 법률 문제를 분석하고 평가한다.

A.2.1.1.2 전문성에 대한 신념

A.2.1.1.2.1 직업 태도

a) 국제중문교육의 특수성 및 전문성을 이해하고 국제중문교사의 직업 가치를 인정한다.

b) 학습자의 발달 규칙과 중국어 학습 규칙을 존중한다.

c) 학습자의 발달 실현을 목표로 학습자의 특성에 맞는 국제중문교육을 제공한다.

d) 교육 규칙을 준수하고, 본인의 직업을 존중하며, 전문적인 태도로 진지하게 중국어 교육에 임한다.

A.2.1.1.2.2 다문화 의식

a) 문화의 다양성을 이해하고, 개방적이며 포용적인 태도를 가진다.

b) 재직한 국가와 지역의 문화 전통 및 사회 현실을 존중한다.

c) 학습자가 다른 국가와 민족의 문화를 정확하게 이해하고 대할 수 있도록 지도한다.

A.2.1.1.2.3 협동심

  a) 동료와 협력할 수 있는 기회를 찾아 교육 경험을 공유하고 팀워크 정신을 가진다.

  b) 학습자의 학습을 지지하고 동료, 학부모, 지역 사회 및 기타 관계자들과 협력하려는 의식을 가진다.

A.2.1.2 전문 지식

A.2.1.2.1 교육 지식

A.2.1.2.1.1 교육학 지식

  a) 교육학의 기본 원리와 방법, 교육의 일반 규칙을 이해한다.

  b) 교육학의 원리와 방법을 활용하여 국제중문교육의 현상과 문제점을 분석하고 해결한다.

A.2.1.2.1.2 교육심리학 지식

  a) 교육심리학의 기본 원리와 방법을 이해한다.

  b) 서로 다른 교육 대상의 학습 특징, 행동 습관 및 심리 발달 규칙을 이해한다.

  c) 교육심리학의 원리와 방법을 활용하여 국제중문교육의 현상과 문제점을 분석하고 해결한다.

A.2.1.2.2 중국어 및 언어학 지식

A.2.1.2.2.1 중국어 지식

  a) 한어병음방안을 이해하고 숙지하며, 중국어의 음운, 어휘, 어법에 대한 기초 지식을 파악하고, 중국어의 음운, 어휘, 어법의 특징을 기술하고 분석하고 해석한다.

  b) 한자에 대한 기초 지식을 파악하고 한자의 특징을 기술하고 분석하고 해석한다.

  c) 중국어의 화용, 텍스트에 대한 기초 지식을 이해하고, 중국어의 화용, 텍스트 특징을 기술하고 분석하고 해석한다.

A.2.1.2.2.2 언어학 지식

  언어학에 대한 기초 지식을 파악하고, 언어의 보편성과 중국어의 특수성을 이해하며, 언어를 비교한다.

A.2.1.2.3 중국 문화 및 중국 정세 지식

A.2.1.2.3.1 중국 문화 지식

  교육 과정에서 다루는 역사, 철학, 문학, 예술, 민속 등의 중국 문화 지식을 이해하고 소개한다.

A.2.1.2.3.2 중국 정세 지식

교육 과정에서 다루는 중국 사회, 정치, 경제, 교육, 과학 기술, 생태 등의 중국 정세 지식을 이해하고 소개한다.

A.2.1.2.4 제2언어 습득 지식

A.2.1.2.4.1 제2언어 습득 이론

a) 제2언어 습득의 기본 이론을 이해한다.

b) 제2언어 습득과 모국어 습득의 공통점과 차이점을 이해한다.

c) 학습자의 개인차가 제2언어 습득에 미치는 영향을 이해한다.

A.2.1.2.4.2 제2언어로서의 중국어 습득 지식

a) 중국어 음운, 어휘, 어법, 텍스트, 한자 등 지식의 습득 규칙과 특징을 이해한다.

b) 제2언어로서의 중국어 습득 지식을 활용하여 교사의 교육 및 학습자의 학습 과정에서 발생하는 문제점을 해결한다.

A.2.1.3 전문 기능

A.2.1.3.1 중국어 언어요소 및 언어기능 교육

A.2.1.3.1.1 중국어 언어요소 교육 능력

a) 중국어 음운 교육에 상용되는 방법 및 기술을 파악하여 학습자가 중국어 음운 특징을 이해하도록 돕고 학습자의 듣기 및 발음 능력을 함양한다.

b) 중국어 어휘 교육에 상용되는 방법 및 기술을 파악하여 학습자가 중국어 어휘 특징을 이해하고 어휘 학습 전략을 파악하도록 도우며 학습자의 어휘 구사 능력을 함양한다.

c) 중국어 어법 교육에 상용되는 방법 및 기술을 파악하여 학습자가 중국어 어법 특징을 이해하고, 상용 어법 항목의 구조 및 기능을 이해하여 언어 환경 속에서 적절하게 사용할 수 있도록 돕는다.

d) 한자 교육에 상용되는 방법 및 기술을 파악하여 학습자가 한자의 특징을 이해하고 한자의 형태形·소리音·의미义 지식을 이해하도록 도우며, 학습자의 한자 읽기, 쓰기, 전자기기 입력 능력을 함양한다.

e) 오류를 판단, 분석, 처리하는 기본 원칙 및 방법을 파악하여 음운, 어휘, 어법, 한자 등 방면에서 학습자의 오류를 효과적으로 처리한다.

A.2.1.3.1.2 중국어 언어기능 교육 능력

  a) 중국어 듣기 교육의 목표 및 내용을 이해하여 학습자가 듣기 이해 기술을 터득하고, 다양한 유형의 듣기 자료를 이해하는 능력을 향상시키도록 돕는다.

  b) 중국어 말하기 교육의 목표 및 내용을 이해하여 학습자가 의사소통 전략을 터득하고, 다양한 상황에서 중국어로 의사소통하는 능력을 향상시키도록 돕는다.

  c) 중국어 읽기 교육의 목표 및 내용을 이해하여 학습자가 읽기 기술을 터득하고, 다양한 유형의 읽기 자료를 이해하는 능력을 향상시키도록 돕는다.

  d) 중국어 쓰기 교육의 목표 및 내용을 이해하여 학습자가 쓰기 기술을 터득하고, 중국어 글말 (서면어) 표현 능력을 향상시키도록 돕는다.

  e) 제2언어 주요 교수법을 이해하여 중국어 언어기능 교육에 활용한다.

A.2.1.3.2 문화 간 의사소통

A.2.1.3.2.1 문화 이해력 및 해석력

  a) 언어와 문화의 기본 개념과 언어와 문화의 내재적 상관성을 이해한다.

  b) 세계 문화의 다양성을 이해하고, 문화 요소가 언어 학습에 미치는 영향을 이해한다.

  c) 주요 문화의 특징을 이해하고, 타문화를 존중하며, 다른 문화 환경에 적응한다.

  d) 교육에서 다루는 중국 문화 및 중국 정세에 대해 설명한다.

  e) 문화 활동을 조직하고, 학습자가 중국 문화의 함의를 이해하도록 돕는다.

A.2.1.3.2.2 문화 간 의사소통 능력

  a) 문화 간 의사소통에 관한 기본 이론 및 원칙과 전략을 이해한다.

  b) 문화 간 의사소통 기술을 파악하여 서로 다른 전략으로 문화 간 의사소통 과정에서 발생하는 문제를 효과적으로 해결한다.

A.2.1.3.3 교육 기술

A.2.1.3.3.1 정보화 교육 능력

  a) 중국어 교육에서 교육 기술이 지니는 역할을 이해하고, 정보 기술과 중국어 교육 과정을 심도 있게 융합하려는 의식을 가진다.

  b) 교육 목표, 교육 내용 및 학습자의 특성에 따라 적절한 정보화 교육 방법을 선택한다.

  c) 상용되는 정보화 교육 시설의 사용 방법을 이해하고, 교육에 필요한 정보화 기술을 파악하

며, 수업 자료 등의 교육 자원을 설계하고 제작할 수 있는 능력을 갖춘다.

A.2.1.3.3.2 온라인 자원 활용 및 온라인 교육 능력

　a) 온라인 교육 자원을 검색, 수집, 선택하며, 데이터베이스를 교육에 활용할 수 있는 능력을
　　갖춘다.

　b) 온라인 플랫폼을 사용하여 온라인 및 온·오프라인을 결합시킨 중국어를 교육하고 관리한다.

A.2.1.4 전문 활동

A.2.1.4.1 교육 계획

A.2.1.4.1.1 교실 교육 계획

　a) 관련 교육 표준 및 교수요목을 이해하고, 교육 계획 작성의 기본 원칙 및 방법을 파악한다.

　b) 학습자의 연령, 문화적 배경, 중국어 수준, 취미, 인지적 특성, 학습 수요 등의 요인에 적합
　　한 교육 목표를 설정한다.

　c) 중국어 교육 내용을 합리적으로 설정하고, 교육 목표에 맞는 교육 활동을 구성하며, 학습
　　자의 자기 주도 학습 능력 및 협동 학습 능력의 함양을 중시한다.

　d) 교육 목표 및 교육 자원에 따라 적절한 교육 방법을 선택하고, 교육 절차를 기획하며, 연습
　　및 평가 방법을 설계한다.

　e) 교육에 필요한 수업 자료, 교구 등의 보조 자료를 준비한다.

　f) 교안 작성 방법 및 기술을 파악하고, 교육 목표를 명확히 하며, 학습 대상을 분석하고, 교
　　육의 중점과 난점 및 교육 과정을 확정하여 교육 시나리오를 작성하며, 교육 전략 및 교육
　　평가를 확정하여 지정된 교육 내용의 교안 작성을 완성한다.

　g) 초보적인 학제적 의식을 가지고, 중국어 교과 과정을 다른 과목, 교과 학습, 과외 학습 과
　　연결시킨다.

A.2.1.4.1.2 교육 자원 선택 및 활용

　a) 교육 목표, 교육 내용 및 학습자의 특성에 따라 적절한 교재, 교육 보조 자료, 교구, 중국어
　　교육 플랫폼 및 현대화된 교육 방법을 선택한다.

　b) 학습자의 중국어 수준과 요구에 따라 교재를 유연하게 사용하고 개편한다.

　c) 기존 자원이 교육의 수요를 만족시키지 못할 때 새로운 중국어 교육 자원을 개발한다.

　d) 적절한 다매체 교육 자원 및 보조 교육 도구를 활용하여 교육 복표를 달성한다.

A.2.1.4.2 교육 실시

A.2.1.4.2.1 교실 교육

a) 교육의 실제적 요구에 따라 적합한 교육 환경을 조성한다.

b) 학습자의 요구와 교육 환경의 변화에 따라 교육 계획 및 교육 전략을 유연하고 효과적으로 조정한다.

c) 학습자가 적극적으로 참여하는 학습 분위기를 조성하고, 학습자의 학습 의욕을 고취시킨다.

d) 교육 설계 및 교육 목표에 따라 정확한 교육 방법을 선택한다.

e) 교육 절차 및 교육 단계를 합리적으로 기획하여 교실 교육을 완성한다.

f) 적절한 교육 언어, 교육 매체 및 교구를 선택하고, 판서를 적절하게 설계하여 학습자가 학습 내용 및 학습 과제를 이해할 수 있도록 돕는다.

g) 정보화 교육 수단을 활용하여 교육한다.

A.2.1.4.2.2 교실 구성 및 관리

a) 적절한 교육 및 관리 방법을 선택하고, 교실 활동을 구성하며, 교실 질서를 유지하여 양호한 교실 학습 환경을 조성한다.

b) 교육을 합리적으로 기획하고, 시간을 효과적으로 관리하여 학습자가 학습 효율성을 높이고 학습 과제를 완성하도록 돕는다.

c) 교실 내 상호 작용을 중시하고, 소통 의식을 가지며, 효과적인 교육 활동을 설계한다.

d) 교실 관리 규칙을 정해 교실 규율 문제를 효과적으로 처리하고, 교실 내 돌발 사건에 대처한다.

e) 과외 학습을 확대하고, 과외 활동을 조직한다.

A.2.1.4.3 학습 평가 및 피드백

A.2.1.4.3.1 학습 평가

a) 학습 평가의 기본 지식 및 방법을 이해하고, 교육 목표 및 학습자에 적합한 평가 방법을 이용하여 학습자의 학습 활동을 평가한다.

b) 학습자가 자기 평가를 하도록 지도하고, 학습자의 성찰 및 새로운 학습 목표를 설정하도록 돕는다.

c) 평가 결과를 이해하고 분석하며, 학습자의 수요를 진단하여 중국어 교육을 지도한다.

A.2.1.4.3.2 교육 피드백

a) 학습자의 학습 및 발달 상의 문제를 발견하고 분석하여 해결하는 방법을 파악한다.

b) 학습자의 중국어 학습 상황에 대해 학습자 및 관계자들과 소통하고, 피드백과 건의사항을 제시한다.

A.2.1.5 전문성 신장

A.2.1.5.1 성찰

A.2.1.5.1.1 교육 성찰

a) 교육 성찰의 기본 방법 및 전략을 이해한다.

b) 학습자의 행동 및 학업 성취도 분석, 동료 간 참관 및 교류, 교육 일지 작성 등을 통해 본인의 교육을 성찰한다.

c) 성찰 결과를 현장 활동에 적용하고 교육을 개선한다.

A.2.1.5.1.2 자기 평가

교육 실시 과정에서 자신의 교육 이념, 태도, 지식 구조 및 능력 수준에 대한 초보적인 평가를 실시하고, 자기 평가를 통해 효과적인 개선 방안을 수립한다.

A.2.1.5.2 전문성 신장 계획

A.2.1.5.2.1 평생 학습

평생 학습 및 지속적인 발전에 대한 인식과 기본 능력을 갖춘다.

A.2.1.5.2.2 교육 연구

a) 전문성 신장 관련 전문 연수, 주제별 특강, 학술 회의 등에 참가하여 국제중문교육에 대한 이해를 높이고 교육 능력을 향상시킨다.

b) 교육 연구의 기본 방법을 숙지하고, 기본적인 교육 행위 연구 능력을 갖추며, 자신의 전문성을 지속적으로 발전시킨다.

A.2.1.5.2.3 진로 계획

a) 국제중문교사의 전문성 신장과 관련된 내용과 수요 및 방향을 이해한다.

b) 국제중문교사 경력의 단계별 특징을 이해하고, 전문성 신장 계획에 대한 초보적인 구상을 갖춘다.

A.2.2 국제중문교사 (중급) 인증 기준

A.2.2.1 전문 이념

A.2.2.1.1 직업 윤리

A.2.2.1.1.1 직업 자질

국제중문교사의 직업 윤리 및 행동 규범을 심도 있게 이해한다.

A.2.2.1.1.2 법규 의식

재직 국가, 지역, 학군의 언어 교육 정책과 학교 규정 제도를 깊이 이해한다.

A.2.2.1.2 전문성에 대한 신념

A.2.2.1.2.1 전문 태도

a) 국제중문교육 발전의 역사와 과정 및 경향을 이해한다.

b) 국제중문교육의 특수성과 전문성 및 직업적 가치를 깊이 이해한다.

c) 공평하고 상호 존중하며 신뢰할 수 있는 사제관계를 형성하기 위해 노력한다.

A.2.2.1.2.2 다문화 의식

교육 활동 과정에서 문화의 다양성을 깊이 이해한다.

A.2.2.1.2.3 협동심

a) 팀워크를 촉진하고, 건의 및 피드백을 통해 동료의 전문성 신장을 효과적으로 지원한다.

b) 동료, 학부모, 지역 사회 및 기타 관계자들과 상호 존중하는 협력 관계를 구축한다.

A.2.2.2 전문 지식

A.2.2.2.1 교육 지식

A.2.2.2.1.1 교육학 지식

교육학의 연구 성과를 활용하여 학습자의 학습 효율 향상을 돕는다.

A.2.2.2.1.2 교육심리학 지식

교육심리학의 연구 성과를 활용하여 학습자의 학습 과정에서의 문제점을 해결하고, 학습자 맞춤형 발전을 실현하도록 돕는다.

A.2.2.2.2 중국어 및 언어학 지식

A.2.2.2.2.1 중국어 지식

 a) 중국어의 음운, 어휘, 어법, 한자 및 화용, 텍스트에 대한 지식을 끊임없이 확장하여 교육에
    적용한다.

 b) 중국어 지식을 종합적으로 활용하여 언어 현상을 분석하고 교육 문제점을 해결한다.

A.2.2.2.2.2 언어학 지식

 a) 언어학 분야의 연구 성과를 흡수하여 교육에 활용한다.

 b) 언어학 지식을 종합적으로 활용하여 언어 현상을 분석하고 교육 문제점을 해결한다.

A.2.2.2.3 중국 문화 및 중국 정세 지식

A.2.2.2.3.1 중국 문화 지식

 a) 중국 문화 지식을 끊임없이 확장한다.

 b) 교육 활동 중 중국 문화 지식에 대해 설명하고 해석한다.

A.2.2.2.3.2 중국 정세 지식

 a) 중국 정세 지식을 끊임없이 확장한다.

 b) 교육 활동 중 중국 정세에 대해 설명하고 해석한다.

A.2.2.2.4 제2언어 습득 지식

A.2.2.2.4.1 제2언어 습득 이론

 제2언어 습득 이론 방면의 지식을 끊임없이 확장한다.

A.2.2.2.4.2 제2언어로서의 중국어 습득 지식

 제2언어로서의 중국어 습득과 관련된 연구 성과를 흡수하여 교육에 활용한다.

A.2.2.3 전문 기능

A.2.2.3.1 중국어 언어요소 교육 및 언어기능 교육

A.2.2.3.1.1 중국어 언어요소 교육 능력

 중국어 음운 교육, 어휘 교육, 어법 교육, 한자 교육의 방법 및 기술을 끊임없이 향상시켜 학

습자의 언어 능력 제고를 돕는다.

A.2.2.3.1.2 중국어 언어기능 교육 능력

교육 활동에서 중국어 언어기능 교육 능력을 끊임없이 향상시켜 학습자의 종합적인 언어 능력의 발전을 촉진한다.

A.2.2.3.2 문화 간 의사소통
A.2.2.3.2.1 문화 이해력 및 해석력

a) 세계 문화의 다양성과 문화 차이성을 끊임없이 깊이 이해한다.

b) 관련 문화 지식으로 학습자의 문화 간 의사소통 능력을 함양하는 데에 적용한다.

A.2.2.3.2.2 문화 간 의사소통 능력

a) 언어 교육에서의 다문화 요소를 식별하고 분석하며, 문화 간 의사소통 문제를 효과적으로 처리한다.

b) 서로 다른 문화 분위기 속에서 효과적으로 중국어 교육을 실시한다.

A.2.2.3.3 교육 기술
A.2.2.3.3.1 정보화 교육 능력

교육 기술 관련 지식과 기술을 끊임없이 업데이트 한다.

A.2.2.3.3.2 온라인 자원 활용 및 온라인 교육 능력

온라인 교육 자원 활용 능력을 부단히 향상시킨다.

A.2.2.4 전문 활동
A.2.2.4.1 교육 계획
A.2.2.4.1.1 교실 교육 계획

중국어 교육 관련 표준 및 교수 요목에 따라 유연하고 능숙하게 그리고 창의적으로 교과과정 교육 계획을 수립하여 학습자의 학습 목표 및 학습 수요를 만족시킨다.

A.2.2.4.1.2 교육 자원 선택 및 활용

  a) 교육 목표, 교육 내용 및 학습자의 특성에 따라 각종 중국어 교육 자원을 유연하고 능숙하
    게 활용한다.

  b) 교육 자료의 적합성 및 교육 효과를 평가한다.

A.2.2.4.2 교육 실시

A.2.2.4.2.1 교실 교육

  a) 시범 교육을 한다.

  b) 다채로운 교실 교육 활동을 조직하여 학습자의 적극성과 능동성을 고취시키고, 학습자가
    효과적으로 학습하도록 지도한다.

  c) 교육 과정에서 의식적으로 문제점을 발견하고, 경험을 축적하며, 교육 기술을 끊임없이 향
    상시킨다.

A.2.2.4.2.2 교실 구성 및 관리

  a) 실제 경험에 따라 교실 교육에서의 문제를 예방하고 적절하게 처리하여 정상적인 교육 질
    서를 보장한다.

  b) 건강하고 안전하며 평등한 학습 환경을 조성하고, 적절한 방법을 통해 시의적절하고 공정
    하게 문제점을 해결한다.

  c) 다양한 과외 활동을 구성하여 학습자의 다양한 중국어 학습 요구를 만족시킨다.

A.2.2.4.3 학습 평가 및 피드백

A.2.2.4.3.1 학습 평가

  a) 다양한 평가 방법의 장점과 한계를 충분히 이해하고, 적절한 방법으로 학습자의 중국어
    학습 상황을 적극적으로 이해한다.

  b) 학습 평가를 교육의 일부로 간주하고 학습자의 수요를 진단하여 도전적인 학습 목표를 설
    정하고 향후 학습 계획을 세운다.

A.2.2.4.3.2 교육 피드백

  평가 결과에 따라 학습자 및 관계자들에게 시의적절하고 정확하며 건설적인 피드백을 제공하
여 학습자가 중국어 학습 계획을 조정하도록 돕는다.

A.2.2.5 전문성 신장

A.2.2.5.1 성찰

A.2.2.5.1.1 교육 성찰

  a) 중국어 교육과 전문성 신장의 전 과정에 성찰을 적용한다.

  b) 교육 피드백 결과를 의식적으로 점검하여 학습자의 성적 향상을 돕는다.

A.2.2.5.1.2 자기 평가

  의식적으로 자기 평가를 하고, 자신의 전문 능력 제고를 위해 계획을 수립한다.

A.2.2.5.2 전문성 신장 계획

A.2.2.5.2.1 평생 학습

  평생 학습 개념을 국제중문교육 및 전문성 신장의 전 과정에 적용한다.

A.2.2.5.2.2 교육 연구

  중국어 교육에 대한 일련의 연구를 수행한다.

A.2.2.5.2.3 진로 계획

  단계별 발전 목표 및 연구 계획을 수립하고, 자신의 진로를 전면적으로 계획한다.

A.2.3 국제중문교사(고급) 인증 기준

A.2.3.1 전문 이념

A.2.3.1.1 직업 윤리

  a) 교육 활동에 종사하는 동안 안정적인 도덕 관념과 행동 규범을 갖추고, 초·중등 교사가 직업 윤리 규범을 이해하고 정확하게 판단하도록 지도한다.

  b) 학교가 언어 정책과 규칙 제도를 제정하는 데에 합리적인 건의사항을 제시하고, 초·중등 교사가 언어 교육 정책 및 학교 규정 제도를 이해하도록 지도한다.

A.2.3.1.2 전문성에 대한 신념

  a) 국제중문교육 연구의 최신 동향 및 발전 상황을 이해한다.

b) 초·중등 교사가 국제중문교사의 직업적 특수성, 전문성 및 직업 가치를 이해하도록 지도한다.

c) 초·중등 교사가 문화 간 의사소통 문제를 이해하고 문화 간 의사소통 능력을 향상시키도록 지도한다.

d) 팀을 이끌고 팀워크를 촉진하며, 교육 및 연구 등의 방면에서 리더 역할을 한다.

A.2.3.2 전문 지식

A.2.3.2.1 교육 지식

교육학, 교육심리학 관련 지식을 종합적으로 활용하여 국제중문교육에서의 문제점을 분석하고 해결한다.

A.2.3.2.2 중국어 및 언어학 지식

풍부한 중국어 및 언어학 지식을 중국어 교육 활동에 적용한다.

A.2.3.2.3 중국 문화 및 중국 정세 지식

교육과 관련된 중국 문화 또는 중국 정세에 관한 교육 내용 및 교육 방법에 대해 지도적인 건의 사항을 제시한다.

A.2.3.2.4 제2언어 습득 지식

a) 제2언어 습득 이론 및 최신 연구 성과를 활용하여 중국어 교육 활동을 평가한다.

b) 중국어 교육에서 제2언어 습득 지식의 활용 방법을 초·중등 교사에게 가르친다.

A.2.3.3 전문 기능

A.2.3.3.1 중국어 언어요소 및 언어기능 교육

a) 중국어 언어요소 교육 또는 중국어 언어기능 교육 방면에서 전문성과 특색을 갖춘다.

b) 초·중등 교사가 중국어 언어요소 교육 또는 중국어 언어기능 교육 능력을 향상시키도록 지도한다.

A.2.3.3.2 문화 간 의사소통

a) 초·중등 교사가 중국 문화에 대해 이해력과 해석력을 향상시키도록 지도한다.

b) 중국 문화, 중국 정세, 문화 간 의사소통 등의 방면에서 초·중등 교사를 교육하고 지도한다.

A.2.3.3.3 교육 기술

초·중등 교사를 대상으로 한 정보화 교육에 대해 지도적 건의사항을 제시한다.

A.2.3.4 전문 활동

A.2.3.4.1 교육 계획

a) 초·중등 교사의 중국어 교육 계획 수립을 조직하거나 지도하고, 교사의 교육 활동 수행을 돕는다.

b) 초·중등 교사의 중국어 교육 자원 개발을 지도한다.

A.2.3.4.2 교육 실시

a) 청강, 참관, 세미나 등을 통해 초·중등 교사의 교육 활동을 평가하고, 개선 사항 및 건의 사항을 제시하여 교실 교육의 질을 향상시키도록 돕는다.

b) 교육 이념 및 방법을 혁신하고, 초·중등 교사가 교실 구성 및 교실 관리 능력을 향상시키 도록 지도한다.

A.2.3.4.3 학습 평가 및 피드백

a) 평가 기준을 수립하고 평가를 진행한다.

b) 초·중등 교사에게 교육의 개선에 대해 지도적 의견을 제시한다.

c) 학습자, 동료, 학부모 등 관계자들에게 학습자의 발전과 성장에 대해 시의적절하고 정확하 며 건설적인 피드백을 제공한다.

A.2.3.5 전문성 신장

A.2.3.5.1 성찰

a) 성찰을 토대로 교육 경험을 단련한다.

b) 초·중등 교사의 교육 성찰을 지도한다.

A.2.3.5.2 전문성 신장 계획

a) 전문성 신장 과정에서 학습자 및 초·중등 교사가 평생 학습자가 되도록 이끈다.

b) 국제중문교육의 특정 영역에서의 연구를 진행하여 일정한 성과를 거둔다.

c) 교육 및 교육 연구 활동을 조직한다.

d) 초·중등 교사의 진로 계획을 지도한다.

A.3 인증 범위

《인증규범》은 제2언어로서의 중국어를 교육하는 중국인 또는 외국인의 전문 능력을 인증하기 위한 접수, 시험, 심사, 연수 등에 적용된다. 인증 범위에는 중국 내 유학생을 대상으로 하는 중국어 교사, 해외 파견 중국어 교사, 해외 현지 중국어 교사, 온라인 중국어 교사 등 제2언어로서의 중국어를 교육하는 전 세계 모든 교사가 포함된다.

A.4 인증 방식

《인증규범》에서 정한 초급, 중급, 고급 세 등급의 인증 기준에 따라 자격시험, 연수 또는 종합 평가의 방식으로 진행한다. 신청자는 인증 과정을 거친 후 각각 《국제중문교사 자격증(초급)》, 《국제중문교사 자격증(중급)》, 《국제중문교사 자격증(고급)》 중 해당 등급의 자격증을 취득할 수 있다.

马箭飞 等著, 韩国中文教育研究会 译

国际中文教师专业能力标准
국제중문교사 전문능력표준

（中韩对照）

世界汉语教学学会发布
中国教育部中外语言交流合作中心认证

学古房

本文件按照GB/T1.1—2020《标准化工作导则　第1部分：标准化文件的结构和起草规则》的规定起草。

本文件由教育部中外语言交流合作中心提出。

本文件由世界汉语教学学会归口。

本文件为首次发布。

本文件起草单位

教育部中外语言交流合作中心、北京大学、北京语言大学、天津师范大学、北京师范大学国际中文教育学院、大连外国语大学国际中文教育实践与研究基地、华东师范大学国际汉语文化学院、华南师范大学东南亚中文教师教育学院、中国有色金属工业人才中心、民生教育集团、武汉领格教育科技有限公司、五洲汉风教育科技（北京）有限公司、五洲汉风网络科技（北京）有限公司、新航道中国故事研究院、中国通才教育集团有限公司、埃及开罗大学孔子学院、澳大利亚中文教师联会、菲律宾亚典耀大学孔子学院、韩中文化协力研究院、柬埔寨皇家科学院国际中文教育学院、美国国际文教学会、美国考拉知道中文教育公司、南非德班理工大学孔子学院、日本青少年育成协会、泰国朱拉隆功大学孔子学院、西班牙汉语教师及教学协会、新加坡科思达教育集团、英国汉语教师协会

本文件主要起草人

马箭飞、赵国成、宋永波、赵杨、丁安琪、冯丽萍、王添淼、张洁、李泉、吴勇毅、储诚志、古川裕、张新生、竹露茜、方欣欣、赵燕清、王冠一、罗艳、李亚男、于艳、杨琳静

　　基于国际中文教育的发展变化和国际需求，根据《中华人民共和国教育法》和《中华人民共和国教师法》，在借鉴国内外国际中文教育标准、大纲和教师标准的基础上，结合国际中文教育特点，教育部中外语言交流合作中心与13个国家的27所高校、社会团体和企事业单位，联合制定了《国际中文教师专业能力标准》（以下简称"《标准》"），旨在为国际中文教师培养、培训、能力评价和认定、专业发展提供依据。

　　国际中文教师是全球范围内从事中文作为第二语言教学的专业人员，需要经过系统的培养与培训，使之具有良好的职业道德和专业素养，实现自身专业的持续发展。《标准》是对国际中文教师的基本专业要求，是国际中文教师实施教学的基本行为规范，是引领国际中文教师专业发展的基本准则，是基于教师资格标准，高于教师资格标准的倡议性标准。

国际中文教师专业能力标准

1. 范围

本文件规定了国际中文教师的基本专业要求，包括术语和定义、基本理念、基本内容、实施建议等。

本文件适用于国际中文教师的培养、培训、专业能力认定、专业发展与职业规划等。其他教师专业人才培养可参照执行。

2. 规范性引用文件

本文件中引用的文件对于本文件的应用是必不可少的。凡是标注日期的引用文件，仅所注日期的版本适用于本文件。未标注日期的引用文件，其最新版本（包括所有的修改单）适用于本文件。

《中华人民共和国教育法》

《中华人民共和国教师法》

《中华人民共和国国家通用语言文字法》

《国际汉语教师标准》（2012年版）

《通用规范汉字表》

3. 术语和定义

下列术语和定义适用于本文件。

3.1 国际中文教育 International Chinese Language Education

面向中文作为第二语言的学习者的教育。

3.2 国际中文教师 International Chinese Language Teachers

全球范围内所有从事中文作为第二语言教学的教师。

4. 基本理念

4.1 师德为先

遵守教师职业道德，具有国际中文教育专业信念。

4.2 素养为基

能够将国际中文教育学科知识和教学技能相结合并运用于教学实践。具备从事国际中文教育所需的教育知识、中文和语言学知识、中华文化与中国国情知识和第二语言习得知识，具备从事国际中文教育所需的中文要素教学、中文技能教学和教育技术应用等技能，能制定课堂教学计划、选择与利用教学资源、组织教学、管理课堂、评估学习者并提供反馈、进行教学反思，保障教学任务顺利完成。

4.3 学习者为本

尊重学习者发展规律和中文学习规律，提供适合学习者特点的国际中文教育内容和教育形式，充分调动学习者的学习热情，帮助学习者实现中文学习目标并促进学习者的发展。

4.4 具备跨文化交际能力

在了解中华文化的同时，了解世界文化的多样性，尊重不同文化，能够运用不同策略有效进行跨文化交际。

4.5 注重合作

具有开放包容的态度和团队协作精神，重视学习者合作学习能力的培养，能够与同事、家长、社区及其他相关者开展合作。

4.6 终身学习

具有终身学习与持续发展的意识和能力，学习国际中文教育相关理论，了解国际中文教育发展概况，提高专业素养，实现自身专业的持续发展。

5. 基本内容

国际中文教师的专业能力一般包含专业理念、专业知识、专业技能、专业实践和专业发展5个一级指标,16个二级指标(如图1和表1)。

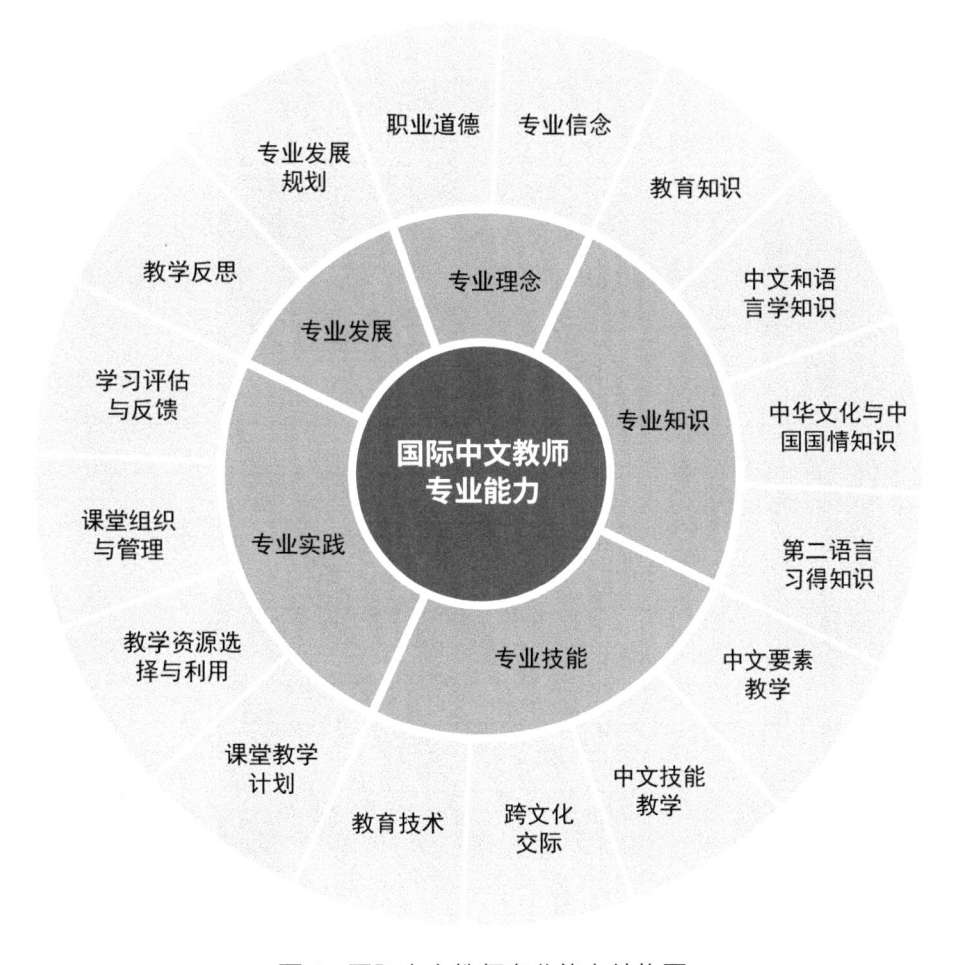

图 1. 国际中文教师专业能力结构图

表 1. 国际中文教师专业能力指标体系

一级指标	二级指标	具体描述
专业理念	职业道德	1. 遵守国际中文教师职业道德。 2. 了解任教国家、地区和学区的语言教育政策和法规，并在国际中文教育中执行。 3. 遵守任教学校及相关教育机构的规章制度。 4. 尊重学习者权益，公平公正对待每一位学习者。
	专业信念	1. 理解国际中文教育的独特性和专业性，认同国际中文教师的职业价值。 2. 尊重学习者发展规律和中文学习规律，提供适合学习者特点的国际中文教育内容和教育形式。 3. 具有开放包容的态度，尊重任教国家和地区的文化传统与社会现实。 4. 具有团队协作精神，与同事、家长、社区及其他相关者开展合作。
专业知识	教育知识	1. 理解教育学、教育心理学基本理论，掌握相关基础知识。 2. 理解认知科学、学习科学相关理论，了解不同学习者认知特点和心理发展规律。 3. 能够综合运用教育教学相关知识，分析、解决国际中文教育中的问题。
	中文和语言学知识	1. 掌握中文语音、词汇、语法基础知识，能够描述、分析和解释中文语音、词汇、语法的特点。 2. 掌握汉字基础知识，能够分析汉字字形、解释汉字的特点。 3. 掌握中文语用、语篇基础知识，能够描述、分析和解释中文语用、语篇的特点。 4. 具备语言学基础知识，了解语言普遍性和中文特殊性，能够进行语言对比。 5. 能够综合运用中文和语言学知识，分析语言现象，解决教学问题。
	中华文化与中国国情知识	1. 了解并能够介绍教学中涉及的历史、哲学、文学、艺术、民俗等中华文化知识。 2. 了解并能够介绍教学中涉及的中国社会、政治、经济、教育、科技、生态等国情知识。 3. 分析常见的社会和文化现象，解决教学与交流中的问题。 4. 能够认识到文化是涵盖古今的，也是在不断变化的。
	第二语言习得知识	1. 了解第二语言习得基本理论及中文作为第二语言习得的主要特点。 2. 了解第二语言习得和母语习得的异同。 3. 了解学习者个体差异对第二语言习得的影响。 4. 了解不同年龄阶段和不同群体学习者中文学习的特点。 5. 能够运用第二语言习得知识，解决教师教学和学习者学习中的问题。

一级指标	二级指标	具体描述
专业技能	中文要素教学	1. 掌握中文语音教学的常用方法和技巧，帮助学习者了解中文语音的特点，培养学习者的听辨和发音能力。 2. 掌握中文词汇教学的常用方法和技巧，帮助学习者了解中文词汇的特点，掌握词汇学习策略，培养学习者词汇运用能力。 3. 掌握中文语法教学的常用方法和技巧，帮助学习者了解中文语法的特点，理解常用语法点的结构与功能，并能够在语境中恰当使用。 4. 掌握汉字教学的常用方法和技巧，帮助学习者了解汉字的特点，掌握汉字的形音义知识，培养学习者汉字认读、书写和电子输入能力。 5. 理解语言与文化的关系，能够处理语言要素中的文化因素，帮助学习者理解语言中的文化。 6. 掌握判断、分析、处理偏误的基本原则与方法，能够有效处理学习者在语音、词汇、语法、汉字等方面的偏误。
	中文技能教学	1. 熟悉中文听力教学的目标与内容，帮助学习者掌握听力理解的技巧，提高理解不同类型听力材料的能力。 2. 熟悉中文口语教学的目标与内容，帮助学习者掌握交际策略，提高在不同场景中使用中文进行交流的能力。 3. 熟悉中文阅读教学的目标与内容，帮助学习者掌握阅读技巧，提高理解不同类型阅读材料的能力。 4. 熟悉中文写作教学的目标与内容，帮助学习者掌握写作技巧，提高中文书面表达能力。 5. 了解中文翻译教学的目标与内容，帮助学习者掌握基本的翻译方法和技巧，具备相应的翻译能力。 6. 了解第二语言主要教学法，能够恰当地运用于中文技能教学。
	跨文化交际	1. 了解世界文化的多样性，尊重不同文化，培养学习者文化平等意识和文化理解能力。 2. 了解任教地区人们在思维方式、价值观念、交际规约、行为方式等方面的主要特点，适应不同文化环境。 3. 掌握跨文化交际的基本理论，能够运用不同策略，有效解决教学中的跨文化交际问题。
	教育技术	1. 了解并关注前沿技术应用于国际中文教育的最新进展，理解教育技术在中文教学中的本质作用，具有将信息技术与中文教学过程深度融合的意识。 2. 能够根据教学目标、教学内容和学习者特点选择合适的信息化教学手段。 3. 了解常用信息化教学设施使用方法，掌握教学所需的信息化技术，具备设计、制作课件等教学资源的能力。 4. 能够检索、采集、选择网络教学资源，具备在教学中运用资源库的能力。 5. 能够利用网络平台开展线上及线上线下相结合的中文教学与管理。 6. 在资源建设特别是本土化、职业化建设与应用等方面，具有创新意识。 7. 具备基本信息伦理，包括明确知晓保护知识产权、尊重他人信息、重视信息安全等。

一级指标	二级指标	具体描述
专业实践	课堂教学计划	1. 熟悉相关教学标准和教学大纲，掌握撰写教学计划的基本原则与方法。 2. 制定适合学习者年龄、文化背景、中文水平、兴趣爱好、认知特点、学习需求等因素的教学目标。 3. 合理确定中文教学内容，设计与教学目标相适应的教学活动，注重培养学习者自主学习与合作学习能力。 4. 根据教学目标与教学资源，选择教学方法，安排教学环节，设计练习与测试。 5. 合理设计板书，准备教学所需的课件、教具等辅助材料。 6. 具有跨学科意识，能够将中文课程与其他科目、课内学习与课外学习相关联。
	教学资源选择与利用	1. 根据中文教学实际需要，选择合适的教学资源。 2. 根据学习者中文水平和需求，灵活使用和改编教材。 3. 在现有资源无法满足教学需求时，能够开发新的中文教学资源。
	课堂组织与管理	1. 选用合适的教学语言，帮助学习者理解学习内容和学习任务。 2. 采用恰当的教学手段和策略，激发学习者学习兴趣。 3. 组织有效的教学活动，提高学习者参与积极性。 4. 合理安排教学环节和步骤，帮助学习者完成学习任务。 5. 有效管理时间，注重课堂互动与反馈，提高教学效率。 6. 制定课堂管理规则，营造健康、安全、平等的学习环境，采取恰当的方式方法，及时、公正地解决问题。 7. 组织课外活动，拓展课外学习。
	学习评估与反馈	1. 运用与教学目标相适应的多元评估方式，评估学习者中文学习成效。 2. 指导学习者自我评估，帮助学习者反思、完善学习计划。 3. 理解、分析评估结果，诊断学习者需求，帮助学习者确定新的学习目标。 4. 与学习者及相关人员交流学习者的中文学习情况，提出反馈与建议。
专业发展	教学反思	1. 具备反思意识，将反思贯穿于国际中文教育与专业发展全过程。 2. 通过分析学习者学习成效、同行观摩交流、撰写反思日志等途径，进行反思与自我评估。 3. 能够将反思结果运用于实践，改进教学。
	专业发展规划	1. 具有自我发展意识和终身学习理念，能够制定不同阶段的专业发展目标。 2. 参加与专业发展相关的专业培训、专题讲座、学术会议等活动，加深对国际中文教育的理解，提高教育教学能力。 3. 掌握教育教学研究基本方法，具备基本的教育行动研究能力，促进自身专业持续发展。

6. 实施建议

6.1 指导教育教学活动

《标准》对国际中文教师进行教育教学活动所涉及的态度、知识、技能、专业发展等提出了明确要求，教师可依据标准开展教学，保证教育教学活动的科学性和有效性。

6.2 师资培养及培训

《标准》可以指导各高校国际中文教育专业不同层次的人才培养、课程设置、教育实践等，也可用于规范不同教师教育组织和机构进行教师培训及评价的内容。

6.3 教师专业能力认定

《标准》的框架、内容和描述方式为国际中文教师专业能力考试及认定提供了评价的内容和重点，能够为国际中文教师专业能力认定制定相应的评价标准、评价程序、证书类别等（遵照附录A的规定）。

6.4 教师专业发展与职业规划

《标准》系统描述了国际中文教师需具备的态度、知识、技能等，为国际中文教师提供了专业发展方向和指南，能够引导教师对自身职业生涯进行合理规划。

附录 A

(规范性)

国际中文教师专业能力分级认定规范

根据《标准》,《国际中文教师专业能力分级认定规范》(以下简称"《认定规范》") 面向初级、中级、高级三个能力等级的教师提出更具针对性的能力侧重要求。初级教师的定位主要是合格的国际中文新手教师, 中级教师的定位主要是具有较丰富实践经验, 处于专业和职业发展阶段的成熟型教师, 高级教师的定位主要是在前两者的基础上, 具备指导其他教师经验和能力的研究型、专家型教师。

A.1 评价指标

《认定规范》包含专业理念、专业知识、专业技能、专业实践和专业发展5个评价模块, 共设14个一级指标, 30个二级指标。初、中级评价指标包括一级指标和二级指标, 高级评价不再进行二级指标的细致描述, 仅包含一级指标及描述内容。

表 A.1《认定规范》评价指标体系

模块	一级指标	二级指标
专业理念	职业道德	职业操守
		法规意识
	专业信念	专业态度
		多元文化意识
		合作精神
专业知识	教育知识	教育学知识
		教育心理学知识
	中文和语言学知识	中文知识
		语言学知识
	中华文化与中国国情知识	中华文化知识
		中国国情知识
	第二语言习得知识	第二语言习得理论
		中文作为第二语言习得知识
专业技能	中文要素教学与技能教学	中文要素教学能力
		中文技能教学能力
	跨文化交际	文化理解力与阐释力
		跨文化交际能力
	教育技术	信息化教学能力
		网络资源运用与线上教学能力
专业实践	教学计划	课堂教学计划
		教学资源选择与利用
	教学实施	课堂教学
		课堂组织与管理
	学习评估与反馈	学习评估
		教学反馈
专业发展	反思	教学反思
		自我评估
	专业发展规划	终身学习
		教学研究
		职业规划

A.2 认定标准

初级、中级、高级三个等级分模块进行描述,各等级专业能力要求依次递进,高级别涵盖低级别的能力要求。

A.2.1 国际中文教师(初级)认定标准

A.2.1.1 专业理念

A.2.1.1.1 职业道德

A.2.1.1.1.1 职业操守

a) 能够了解并遵守国际中文教师的职业道德和行为规范。

b) 能够明确自己的职责范围,具备教师责任意识。

c) 能够具有尊重学习者权益、公平对待每一位学习者的意识。

d) 能够掌握国际中文教师职业道德的评价准则和相关问题的分析方法。

A.2.1.1.1.2 法规意识

a) 能够了解任教国家、地区和学区的语言教育政策。

b) 能够了解并遵守学校及相关教育机构的规章制度。

c) 能够分析评价教育教学实践中的基本法律问题。

A.2.1.1.2 专业信念

A.2.1.1.2.1 专业态度

a) 能够了解国际中文教育的独特性与专业性,认同国际中文教师的职业价值。

b) 能够尊重学习者发展规律和中文学习规律。

c) 能够以实现学习者发展为目标,提供适合学习者特点的国际中文教育。

d) 能够遵循教育规律,尊重自己的职业,用专业的态度认真对待中文教学工作。

A.2.1.1.2.2 多元文化意识

a) 能够了解文化的多样性,具有开放包容的态度。

b) 能够尊重任教国家和地区的文化传统与社会现实。

c) 能够引导学习者正确理解和看待不同国家和民族的文化。

A.2.1.1.2.3 合作精神

  a) 能够寻求与同事合作的机会, 分享教学实践中的经验, 具备团队协作精神。

  b) 能够支持学习者的学习, 具备与同事、家长、社区及其他相关者开展合作的意识。

A.2.1.2 专业知识

A.2.1.2.1 教育知识

A.2.1.2.1.1 教育学知识

  a) 能够了解教育学基本原理和方法, 以及教育的一般规律。

  b) 能够运用教育学原理和方法, 分析和解决国际中文教育中的现象和问题。

A.2.1.2.1.2 教育心理学知识

  a) 能够了解教育心理学的基本原理和方法。

  b) 能够了解不同教学对象的学习特点、行为习惯和心理发展规律。

  c) 能够运用教育心理学原理和方法, 分析和解决国际中文教育中的现象和问题。

A.2.1.2.2 中文和语言学知识

A.2.1.2.2.1中文知识

  a) 能够了解、熟悉汉语拼音方案, 掌握中文语音、词汇、语法基础知识, 并描述、分析和解释中文语音、词汇、语法的特点。

  b) 能够掌握汉字基础知识, 并描述、分析和解释汉字的特点。

  c) 能够掌握中文语用、语篇基础知识, 并描述、分析和解释中文语用、语篇的特点。

A.2.1.2.2.2语言学知识

  能够掌握语言学基础知识, 了解语言普遍性和中文特殊性, 并进行语言对比。

A.2.1.2.3 中华文化与中国国情知识

A.2.1.2.3.1 中华文化知识

  能够了解并介绍教学中涉及的历史、哲学、文学、艺术、民俗等中华文化知识。

A.2.1.2.3.2 中国国情知识

  能够了解并介绍教学中涉及的中国社会、政治、经济、教育、科技、生态等国情知识。

A.2.1.2.4 第二语言习得知识

A.2.1.2.4.1 第二语言习得理论

　　a) 能够了解第二语言习得基本理论。

　　b) 能够了解第二语言习得和母语习得的异同。

　　c) 能够了解学习者个体差异对第二语言习得的影响。

A.2.1.2.4.2 中文作为第二语言习得知识

　　a) 能够了解中文语音、词汇、语法、语篇、汉字等知识的习得规律与特点。

　　b) 能够运用中文作为第二语言习得知识，解决教师教学和学习者学习中的问题。

A.2.1.3 专业技能

A.2.1.3.1 中文要素教学与技能教学

A.2.1.3.1.1 中文要素教学能力

　　a) 能够掌握中文语音教学的常用方法和技巧，帮助学习者了解中文语音的特点，培养学习者的听辨和发音能力。

　　b) 能够掌握中文词汇教学的常用方法和技巧，帮助学习者了解中文词汇的特点，掌握词汇学习策略，培养学习者的词汇运用能力。

　　c) 能够掌握中文语法教学的常用方法和技巧，帮助学习者了解中文语法的特点，理解常用语法点的结构与功能，并能够在语境中恰当使用。

　　d) 能够掌握汉字教学的常用方法和技巧，帮助学习者了解汉字的特点，掌握汉字的形音义知识，培养学习者汉字认读、书写和电子输入的能力。

　　e) 能够掌握判断、分析、处理偏误的基本原则与方法，有效处理学习者在语音、词汇、语法、汉字等方面的偏误。

A.2.1.3.1.2 中文技能教学能力

　　a) 能够了解中文听力教学的目标与内容，帮助学习者掌握听力理解的技巧，提高理解不同类型听力材料的能力。

　　b) 能够了解中文口语教学的目标与内容，帮助学习者掌握交际策略，提高在不同场景中使用中文进行交流的能力。

　　c) 能够了解中文阅读教学的目标与内容，帮助学习者掌握阅读技巧，提高理解不同类型阅读材料的能力。

d) 能够了解中文写作教学的目标与内容, 帮助学习者掌握写作技巧, 提高中文书面表达能力。

e) 能够了解第二语言主要教学法, 并运用于中文技能教学。

A.2.1.3.2　跨文化交际

A.2.1.3.2.1　文化理解力与阐释力

a) 能够了解语言和文化的基本概念、语言和文化的内在关系。

b) 能够了解世界文化多样性, 了解文化因素对语言学习的影响。

c) 能够了解主要文化的特点, 尊重不同文化, 适应不同文化环境。

d) 能够就教学中所涉及到的中华文化和中国国情知识加以阐释。

e) 能够组织文化实践, 帮助学习者了解中华文化的内涵。

A.2.1.3.2.2　跨文化交际能力

a) 能够了解跨文化交际的基本理论、原则和策略。

b) 能够掌握跨文化交际技巧, 运用不同的策略, 有效解决跨文化交际中遇到的问题。

A.2.1.3.3　教育技术

A.2.1.3.3.1　信息化教学能力

a) 能够了解教育技术在中文教学中的作用, 具有将信息技术与中文教学过程深度融合的意识。

b) 能够根据教学目标、教学内容和学习者特点选择合适的信息化教学手段。

c) 能够了解常用信息化教学设施使用方法, 掌握教学所需的信息化技术, 具备设计、制作课件等教学资源的能力。

A.2.1.3.3.2　网络资源运用与线上教学能力

a) 能够检索、采集、选择网络教学资源, 具备在教学中运用资源库的能力。

b) 能够利用网络平台开展线上及线上线下相结合的中文教学与管理。

A.2.1.4　专业实践

A.2.1.4.1　教学计划

A.2.1.4.1.1　课堂教学计划

a) 能够了解相关教学标准和教学大纲, 掌握撰写教学计划的基本原则与方法。

b) 能够制定适合学习者年龄、文化背景、中文水平、兴趣爱好、认知特点、学习需求等因素的教学目标。

c) 能够合理确定中文教学内容，设计与教学目标相适应的教学活动，注重培养学习者自主学习与合作学习能力。

d) 能够根据教学目标与教学资源，选择合适的教学方法，安排教学环节，设计练习与测试。

e) 能够准备教学所需的课件、教具等辅助材料。

f) 能够掌握教案设计的方法和技巧，明确教学目标，分析学习对象，确定教学重难点、教学流程，设计教学场景，确定教学策略以及教学评价，完成指定教学内容的教案设计。

g) 能够具有初步的跨学科意识，将中文课程与其他科目、课内学习与课外学习相关联。

A.2.1.4.1.2 教学资源选择与利用

a) 能够根据教学目标、教学内容和学习者特点，选择合适的教材、教辅材料、教具、中文教学平台以及现代化教学手段。

b) 能够根据学习者中文水平和需求，灵活使用和改编教材。

c) 能够在现有资源无法满足教学需求时，开发新的中文教学资源。

d) 能够运用恰当的融媒体教学资源和教学辅助工具实现教学目标。

A.2.1.4.2 教学实施
A.2.1.4.2.1课堂教学

a) 能够根据教学实际需求设置恰当的教学情景。

b) 能够根据学习者需求和教学环境的变化，灵活有效地调整教学计划和教学策略。

c) 能够营造学习者主动参与的学习氛围，激发学习者的学习兴趣。

d) 能够根据教学设计和教学目标采取正确的教学方法。

e) 能够较为合理地安排教学环节和教学步骤，完成课堂教学。

f) 能够选择合适的教学语言、教学媒体、教具，设计合适的板书，帮助学习者理解学习内容和学习任务。

g) 能够运用信息化教学手段进行教学。

A.2.1.4.2.2 课堂组织与管理

    a) 能够采用恰当的教学与管理手段, 组织课堂活动, 维持课堂秩序, 创设良好的课堂学习环境。

    b) 能够合理安排教学, 有效管理时间, 帮助学习者提高学习效率, 完成学习任务。

    c) 能够注重课堂互动, 具备沟通意识, 安排有效的教学活动。

    d) 能够制定课堂管理规则, 有效地处理课堂纪律问题, 应对课堂突发事件。

    e) 能够拓展课外学习, 组织课外活动。

A.2.1.4.3 学习评估与反馈

A.2.1.4.3.1 学习评估

    a) 能够了解学习评估基本知识与方法, 运用与教学目标和学习者相适应的评估方式, 对学习者的学习活动进行评估。

    b) 能够指导学习者自我评估, 帮助学习者反思并确定新的学习目标。

    c) 能够理解、分析评估结果, 诊断学习者需求, 指导中文教学。

A.2.1.4.3.2 教学反馈

    a) 能够掌握发现、分析和解决学习者学习和发展的问题的方法。

    b) 能够与学习者及相关人员交流学习者的中文学习情况, 提出反馈与建议。

A.2.1.5 专业发展

A.2.1.5.1 反思

A.2.1.5.1.1 教学反思

    a) 能够了解教学反思的基本方法和策略。

    b) 能够通过分析学习者行为、学习成效、同行观摩和交流、撰写教学日志等途径对自己的教学进行反思。

    c) 能够将反思结果运用于实践, 改进教学。

A.2.1.5.1.2 自我评估

能够对教学活动中自身教育理念、态度、知识结构及能力水平进行初步的评估, 并通过自我评估制定有效的改进方案。

A.2.1.5.2 专业发展规划

A.2.1.5.2.1终身学习

能够具备终身学习与持续发展的意识和基本能力。

A.2.1.5.2.2 教学研究

a) 能够参加与专业发展相关的专业培训、专题讲座、学术会议等活动，加深对国际中文教育的理解，提高教育教学能力。

b) 能够掌握教育教学研究基本方法，具备基本的教育行动研究能力，促进自身专业持续发展。

A.2.1.5.2.3 职业规划

a) 能够了解国际中文教师专业发展的内容、需求和方向。

b) 能够了解国际中文教师职业生涯阶段性特点，并对专业发展规划具有初步设想。

A.2.2 国际中文教师（中级）认定标准

A.2.2.1 专业理念

A.2.2.1.1 职业道德

A.2.2.1.1.1 职业操守

能够对国际中文教师的职业道德、行为规范有深入的理解。

A.2.2.1.1.2 法规意识

能够对任教国家、地区和学区的语言教育政策、学校规章制度有深入的理解。

A.2.2.1.2 专业信念

A.2.2.1.2.1 专业态度

a) 能够了解国际中文教育发展的历史、进程和趋势。

b) 能够对国际中文教育的独特性、专业性及职业价值有深入的理解。

c) 能够致力于建立公平、互相尊重、互相信任的师生关系。

A.2.2.1.2.2 多元文化意识

能够在教学实践中深入地理解文化多样性。

A.2.2.1.2.3 合作精神

    a) 能够促进团队合作，并提出建议和反馈意见，有效支持同事的专业发展。

    b) 能够与同事、家长、社区及其他相关者建立相互尊重的合作关系。

A.2.2.2 专业知识

A.2.2.2.1 教育知识

A.2.2.2.1.1 教育学知识

    能够运用教育学研究成果，帮助学习者提高学习效率。

A.2.2.2.1.2 教育心理学知识

    能够运用教育心理学研究成果，帮助学习者解决学习中的问题，实现学习者的个性化发展。

A.2.2.2.2 中文和语言学知识

A.2.2.2.2.1 中文知识

    a) 能够不断地丰富中文语音、词汇、语法、汉字及语用、语篇知识，并应用于教学。

    b) 能够综合运用中文知识，分析语言现象，解决教学问题。

A.2.2.2.2.2 语言学知识

    a) 能够吸取语言学领域的研究成果，并应用于教学。

    b) 能够综合运用语言学知识，分析语言现象，解决教学问题。

A.2.2.2.3 中华文化与中国国情知识

A.2.2.2.3.1 中华文化知识

    a) 能够不断丰富中华文化知识。

    b) 能够对教学中的中华文化知识进行说明和阐释。

A.2.2.2.3.2 中国国情知识

    a) 能够不断丰富中国国情知识。

    b) 能够对教学中的中国国情知识进行说明和阐释。

A.2.2.2.4 第二语言习得知识

A.2.2.2.4.1 第二语言习得理论

能够不断丰富第二语言习得理论方面的知识。

A.2.2.2.4.2 中文作为第二语言习得知识

能够吸取中文作为第二语言习得的研究成果，并应用于教学。

A.2.2.3 专业技能

A.2.2.3.1 中文要素教学与技能教学

A.2.2.3.1.1 中文要素教学能力

能够不断提高中文语音教学、词汇教学、语法教学、汉字教学方法和技巧，帮助学习者提高语言能力。

A.2.2.3.1.2 中文技能教学能力

能够在教学实践中不断提高中文技能教学能力，促进学习者综合语言能力的发展。

A.2.2.3.2 跨文化交际

A.2.2.3.2.1 文化理解力与阐释力

a) 能够不断深入理解世界文化的多样性、文化差异性。

b) 能够将有关文化知识应用于学习者跨文化交际能力的培养中。

A.2.2.3.2.2 跨文化交际能力

a) 能够识别和分析语言教学中的跨文化因素，有效处理跨文化交际问题。

b) 能够在不同的文化氛围下有效开展中文教学。

A.2.2.3.3 教育技术

A.2.2.3.3.1 信息化教学能力

能够不断更新教育技术知识和技能。

A.2.2.3.3.2 网络资源运用与线上教学能力

能够不断提高运用网络教学资源的能力。

A.2.2.4 专业实践

A.2.2.4.1 教学计划

A.2.2.4.1.1 课堂教学计划

能够根据相关中文教学标准和教学大纲，灵活、熟练、创造性地制定课程教学计划，满足学习者的学习目标、学习需求。

A.2.2.4.1.2 教学资源选择与利用

a) 能够根据教学目标、教学内容和学习者特点，灵活、熟练地使用各类中文教学资源。

b) 能够评价教学材料的适用性，并对教学效果进行评估。

A.2.2.4.2 教学实施

A.2.2.4.2.1 课堂教学

a) 能够示范教学。

b) 能够组织丰富多彩的课堂教学活动，激发学习者的积极性和主动性，指导学习者有效学习。

c) 能够在教学中有意识地发现问题、积累经验，不断提高教学技能。

A.2.2.4.2.2 课堂组织与管理

a) 能够根据实践经验预防及恰当处理课堂教学问题，保证正常教学秩序。

b) 能够营造健康、安全、平等的学习环境，采取恰当的方式方法，及时、公正地解决问题。

c) 能够组织多种课外活动，满足学习者多样的中文学习需求。

A.2.2.4.3 学习评估与反馈

A.2.2.4.3.1 学习评估

a) 能够充分了解不同评估方法的优点与局限性，选取适当的方法，动态了解学习者中文学习情况。

b) 能够将学习评估作为教学的一部分，诊断学习者的需求，确立具有挑战性的学习目标，并规划未来学习。

A.2.2.4.3.2 教学反馈

能够根据评估结果，为学习者及相关人员提供及时、准确、有建设性的反馈意见，帮助学习者调整中文学习规划。

A.2.2.5 专业发展

A.2.2.5.1 反思

A.2.2.5.1.1 教学反思

a) 能够将反思贯穿于中文教育与专业发展全过程。

b) 能够有意识地检验教学反馈结果，帮助学习者提高学习成绩。

A.2.2.5.1.2 自我评估

能够有意识地进行自我评估，为自身专业能力的提高制定计划。

A.2.2.5.2 专业发展规划

A.2.2.5.2.1 终身学习

能够将终身学习的理念贯穿于国际中文教育与专业发展全过程。

A.2.2.5.2.2 教学研究

能够开展中文教学系列研究。

A.2.2.5.2.3 职业规划

能够制定不同阶段的发展目标、研究计划，全面规划自己的职业生涯。

A.2.3 国际中文教师（高级）认定标准

A.2.3.1 专业理念

A.2.3.1.1 职业道德

a) 能够在从事教学活动中形成稳定的道德观念和行为规范，指导初、中级教师理解职业道德规范并进行正确判断。

b) 能够为学校制定语言政策、规则制度提出合理建议，指导初、中级教师理解语言教育政策及学校规章制度。

A.2.3.1.2 专业信念

a) 能够了解国际中文教育研究前沿动态和发展情况。

b) 能够指导初、中级教师理解国际中文教师职业独特性、专业性及职业价值。

c) 能够指导初、中级教师理解跨文化交际问题，提高其跨文化交际能力。

d) 能够领导团队，促进团队合作，在教学、科研等方面发挥引领作用。

A.2.3.2 专业知识

A.2.3.2.1 教育知识

能够综合运用教育学、教育心理学相关知识，分析、解决国际中文教育中的问题。

A.2.3.2.2 中文和语言学知识

具有丰富的中文及语言学知识，并应用于中文教学实践。

A.2.3.2.3 中华文化与中国国情知识

能够就教学中涉及中华文化或中国国情的教学内容和教学方法提出指导性建议。

A.2.3.2.4 第二语言习得知识

a) 能够运用第二语言习得理论和前沿研究成果，评价中文教学实践。

b) 能够就第二语言习得知识在中文教学中的运用对初、中级教师进行指导。

A.2.3.3 专业技能

A.2.3.3.1 中文要素教学与技能教学

a) 能够在中文要素教学或中文技能教学方面具有专长和特色。

b) 能够指导初、中级教师提高中文要素教学或中文技能教学的能力。

A.2.3.3.2 跨文化交际

a) 能够指导初、中级教师提高中华文化理解与阐释的能力。

b) 能够为初、中级教师提供中华文化、中国国情、跨文化交际等方面的教学指导。

A.2.3.3.3 教育技术

能够为初、中级教师信息化教学提出指导性建议。

A.2.3.4 专业实践

A.2.3.4.1 教学计划

a) 能够组织或指导初、中级教师制定中文教学计划,帮助教师开展教学实践。

b) 能够组织或指导初、中级教师开发中文教学资源。

A.2.3.4.2 教学实施

a) 能够通过听课、观摩、研讨等,对初、中级教师教学活动点评,并提出改进意见和建议,帮助其提高课堂教学质量。

b) 能够创新教学理念和方法,指导初、中级教师提升课堂组织与管理能力。

A.2.3.4.3 学习评估与反馈

a) 能够制定评估标准,开展评估工作。

b) 能够对初、中级教师提出改进教学工作的指导性意见。

c) 能够就学习者的进步和发展向学习者、同事、家长等相关者提供及时、准确和建设性的反馈意见。

A.2.3.5 专业发展

A.2.3.5.1 反思

a) 能够基于反思提炼教学经验。

b) 能够指导初、中级教师进行教学反思。

A.2.3.5.2 专业发展规划

a) 能够在专业发展过程中引导学习者及初、中级教师成为一名终身学习者。

b) 能够在国际中文教育某一领域进行研究,并取得一定成果。

c) 能够组织教育教学研究活动。

d) 能够向初、中级教师提供职业规划指导。

A.3 认定范围

《认定规范》适用于认定中国公民或外国公民中文作为第二语言教学专业能力所开展

的受理、考试、考核、培训等工作。认定范围包括中国国内面向留学生的中文教师、外派中文教师、海外本土中文教师、线上中文教师等全球范围内从事中文作为第二语言教学的教师。

A.4 认定方式

根据《认定规范》初级、中级、高级三个等级认定标准实施认定，可采取专业考试、培训或综合评审的方式进行。申请人经认定可分别获得《国际中文教师证书（初级）》《国际中文教师证书（中级）》《国际中文教师证书（高级）》相应等级的证书。